Das Förderheft 1
Mathematik

Nina Simon und Hendrik Simon

Name: _____

Klasse: _____

Bestell-Nr. 1502-45 · ISBN 978-3-619-15245-2
© 2011 Mildenberger Verlag GmbH, 77652 Offenburg
www.mildenberger-verlag.de
E-Mail: info@mildenberger-verlag.de
Auflage 7 6 5 4
Jahr 2018 2017 2016 2015

Das Werk und seine Teile sind urheberrechtlich geschützt. Jede Nutzung in anderen als den gesetzlich zugelassenen Fällen bedarf der vorherigen schriftlichen Einwilligung des Verlages. Hinweis zu § 52a UrhG: Weder das Werk noch seine Teile dürfen ohne eine solche Einwilligung eingescannt und in ein Netzwerk eingestellt werden. Dies gilt auch für Intranets von Schulen und sonstigen Bildungseinrichtungen.

Illustrationen: tiff.any GmbH, Berlin
Layoutkonzeption: tiff.any GmbH, Berlin
Gestaltung und Satz: tiff.any GmbH, Berlin
Druck: Kraft Druck GmbH, 76275 Ettlingen

Mildenberger Verlag

Gleiche Formen in der gleichen Farbe anmalen
Zur Überprüfung der Lösung Figuren mit Pentominos (Beilage 2) vergleichen

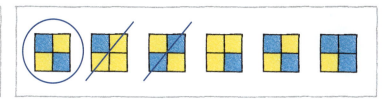

Gleiche Figuren einkreisen, die anderen durchstreichen

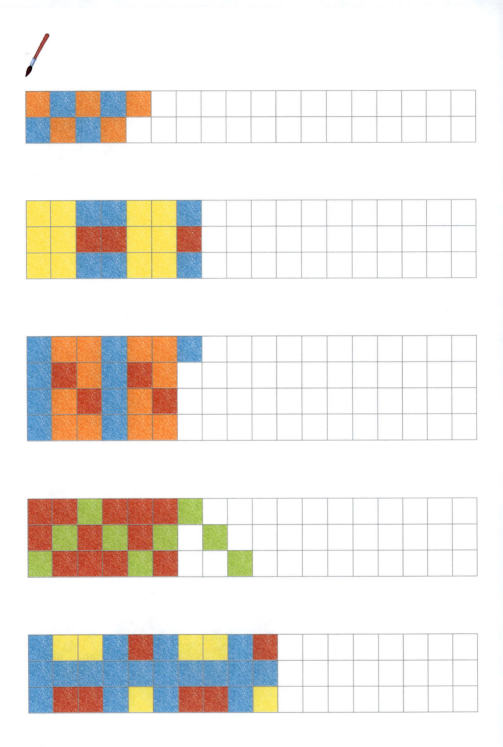

Muster fortsetzen

Figuren mit Pentominos (Beilage 2) auslegen und Lösungen einzeichnen

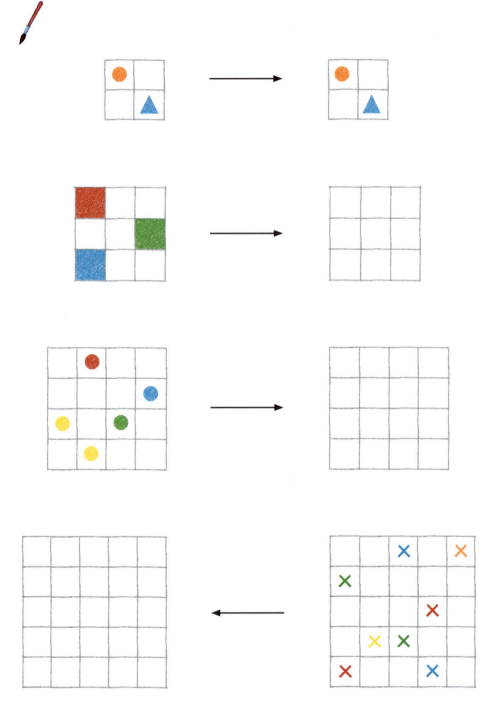

Symbole an richtiger Stelle eintragen

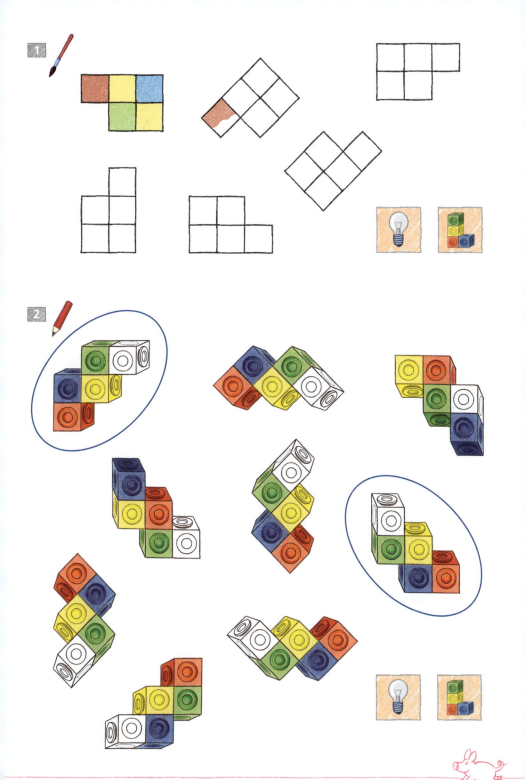

1 Figuren entsprechend der Vorgabe anmalen 2 Gleiche Figuren einkreisen
Zur Überprüfung der Lösung Figuren mit Steckwürfeln nachbauen

3

Anzahlen ermitteln und eintragen

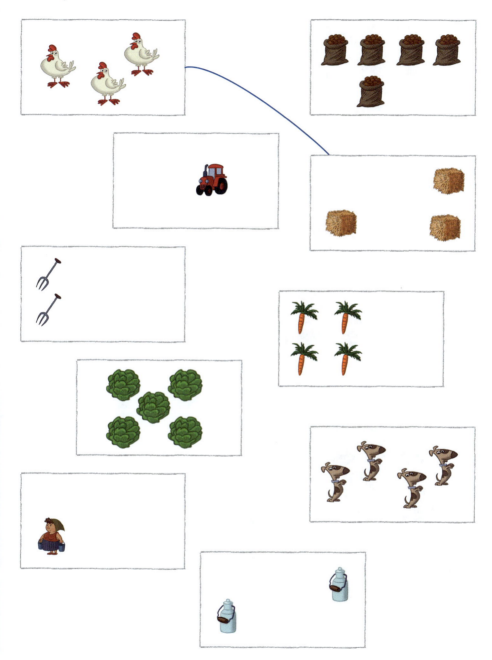

Gleiche Anzahlen finden und verbinden

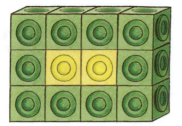 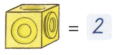 = 2

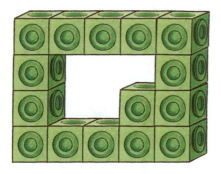 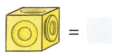 =

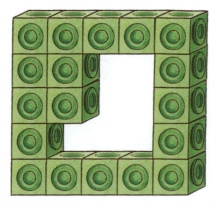  =

Anzahl der gelben Steckwürfel bestimmen und eintragen
Zur Überprüfung der Lösung Figuren mit Steckwürfeln nachbauen

 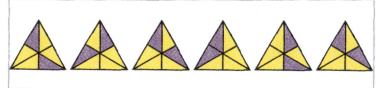

Gleiche Figuren einkreisen, die anderen durchstreichen

Figuren mit Pentominos (Beilage 2) auslegen und Lösungen einzeichnen

5

Anzahlen ermitteln und eintragen

1 = ▢   2 = ▢   3 = ▢   4 = ▢   5 = ▢
6 = ▢   7 = ▢   8 = ▢   9 = ▢   10 = ▢

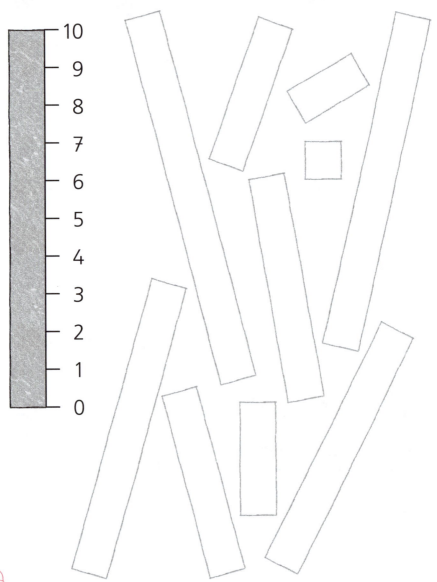

Streifen entsprechend der Vorgabe anmalen
Als Hilfestellung farbige Streifen (Beilage 1) in Zahlenleiste legen

Figuren entsprechend der Vorgabe ergänzen

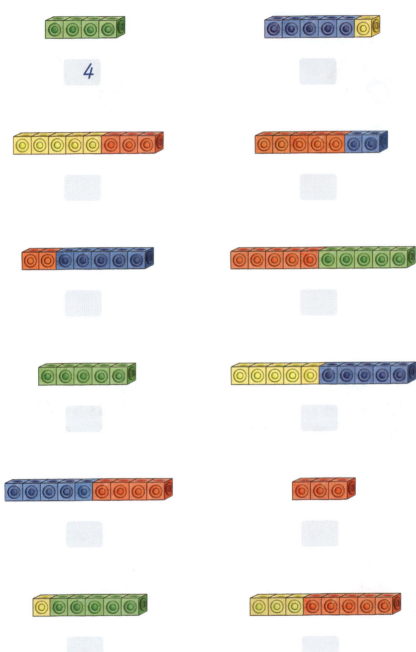

Steckwürfel zählen und Anzahl eintragen

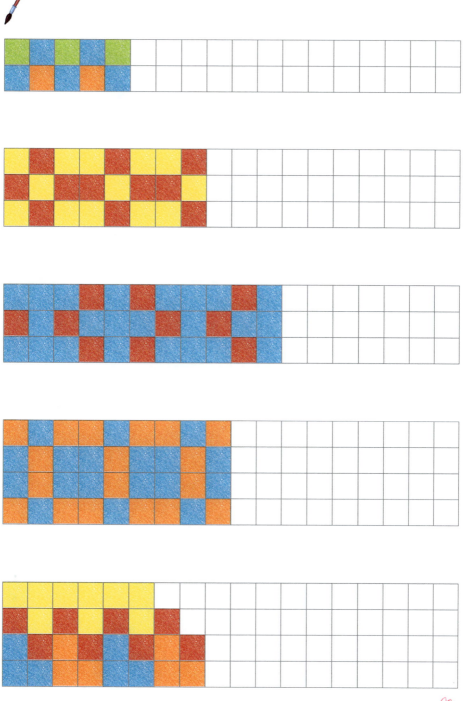

Muster fortsetzen

3 = 🟩　　10 = 🟧　　1 = ⬜　　4 = 🟪　　8 = 🟫

7 = ⬛　　6 = 🟩　　5 = 🟨　　9 = 🟦　　2 = 🟥

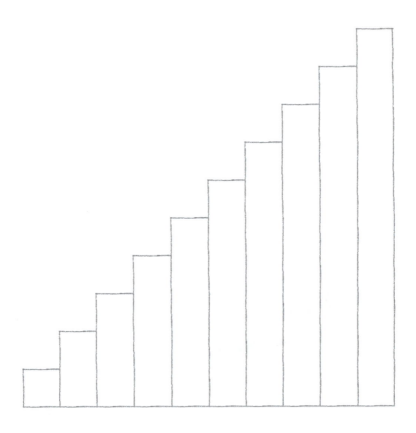

Streifen entsprechend der Vorgabe anmalen
 Zur Überprüfung der Lösung Farbgebung mit farbigen Streifen überprüfen

18

Gegenstände mit farbigen Streifen messen und Ergebnisse eintragen
Als Hilfestellung farbige Streifen (Beilage 1) in Zahlenleiste legen

 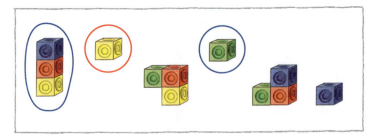

Zusammengehörende Teile finden und in der gleichen Farbe einkreisen
Zur Überprüfung der Lösung Figuren mit Steckwürfeln nachbauen

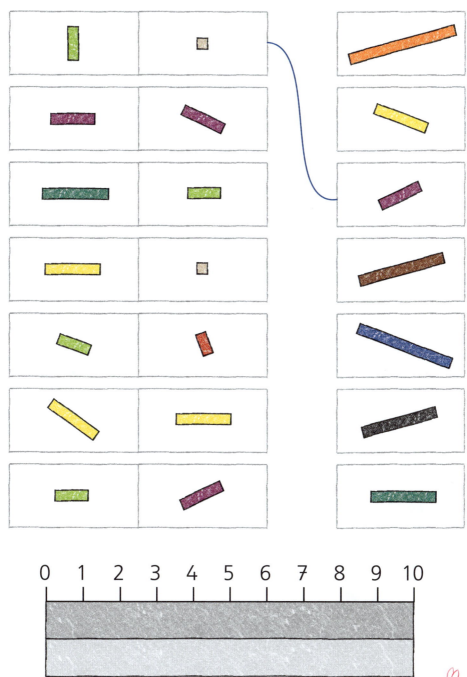

Einen farbigen Streifen finden, der genauso lang ist wie die zwei vorgegebenen Streifen
Als Hilfestellung farbige Streifen (Beilage 1) in Zahlenleiste legen

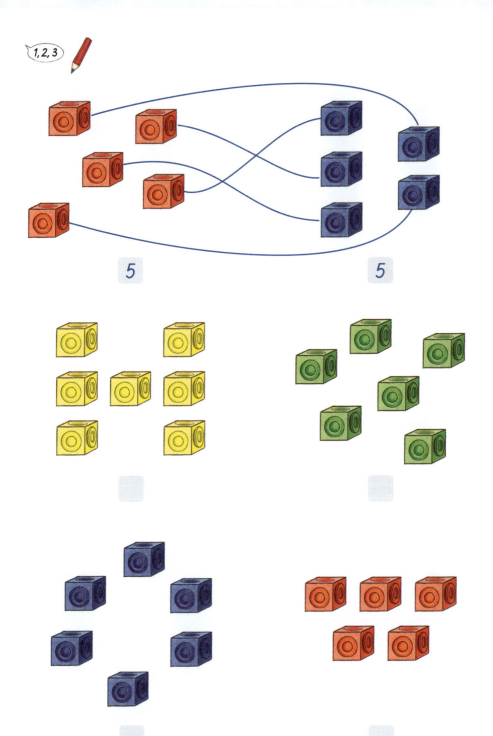

Steckwürfel zählen und (soweit wie möglich) eins zu eins zuordnen

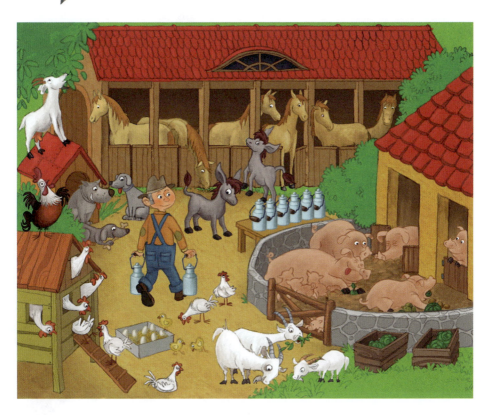

1

Gesamtanzahl aufschreiben

2 + 4

2 + 3

2 + 1

4 + 1

5 + 3

3 + 2

Bild einkreisen und mit passender Aufgabe verbinden

1 = ■ 2 = ■

3 = ■ 4 = ■

5 = ■ 6 = ■

7 = ■ 8 = ■

9 = ■ 10 = ■

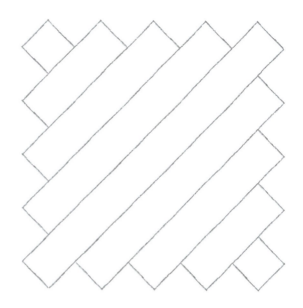

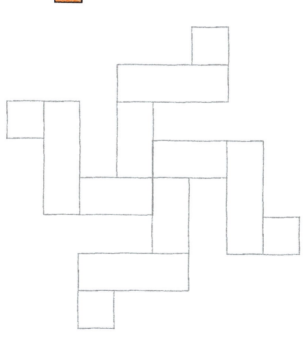

Streifen entsprechend der Vorgabe anmalen

8

Steckwürfel zählen und (soweit wie möglich) eins zu eins zuordnen

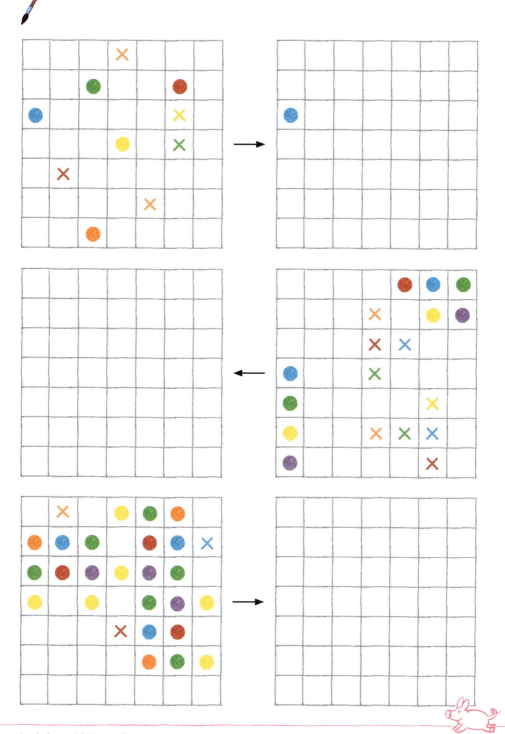

Symbole an richtiger Stelle eintragen

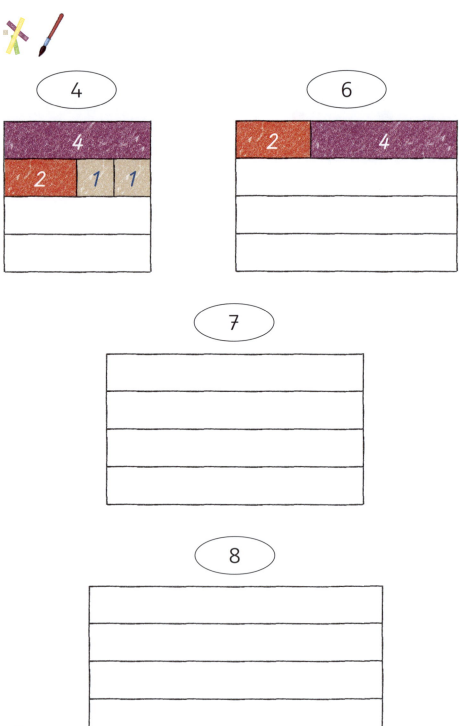

Zahlzerlegungen durch farbige Streifen darstellen und malen

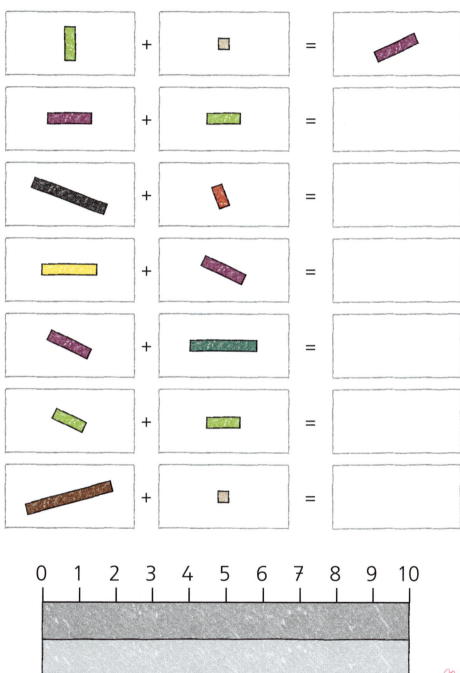

Mit farbigen Streifen addieren (durch Aneinanderlegen und Vergleichen in den Zahlenleisten)

🎲🎲 (3,1)	|||	3
🎲🎲 (4,2)		
		6
🎲🎲 (5,1)		
	||||⁄ |||	
		10
🎲🎲 (6,2)		

Tabelle um fehlende Zahldarstellungen ergänzen

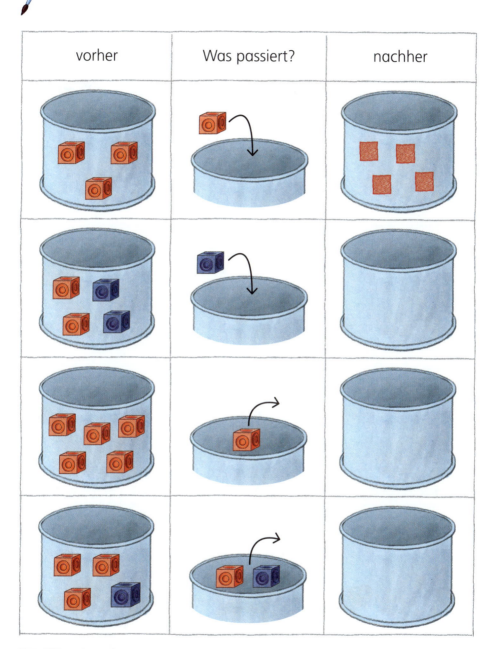

vorher	Was passiert?	nachher

Ergebnis der Handlung einzeichnen
Zur Überprüfung der Lösung die Handlung mit Steckwürfeln nachvollziehen

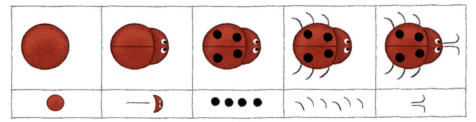

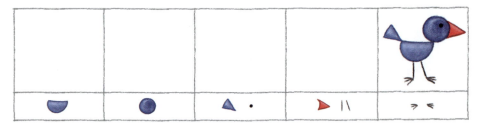

1 bis 3 Figuren nach Vorgabe schrittweise ergänzen
4 Formen einzeichnen, um die die Figur erweitert wird

Das Förderheft 1 – Lösungen (Seite 2–5)

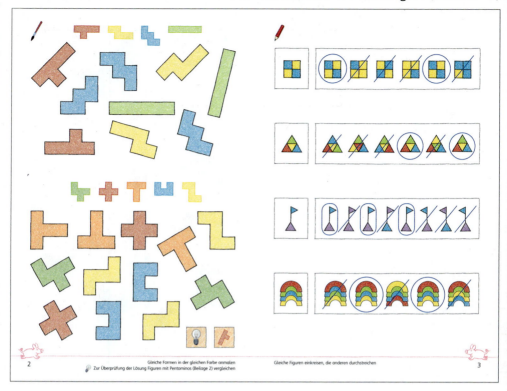

Gleiche Formen in der gleichen Farbe anmalen
Zur Überprüfung der Lösung Figuren mit Pentominos (Beilage 2) vergleichen

Gleiche Figuren einkreisen, die anderen durchstreichen

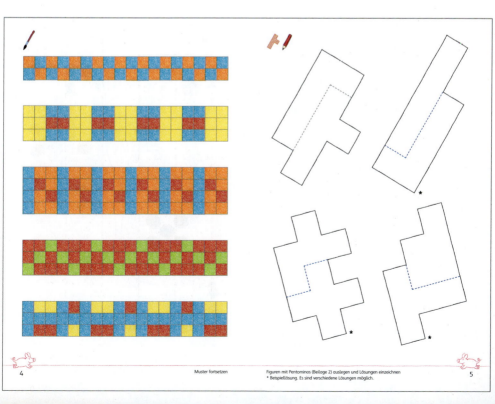

Muster fortsetzen

Figuren mit Pentominos (Beilage 2) auslegen und Lösungen einzeichnen
* Beispiellösung. Es sind verschiedene Lösungen möglich.

Das Förderheft 1 – Lösungen (Seite 6–9)

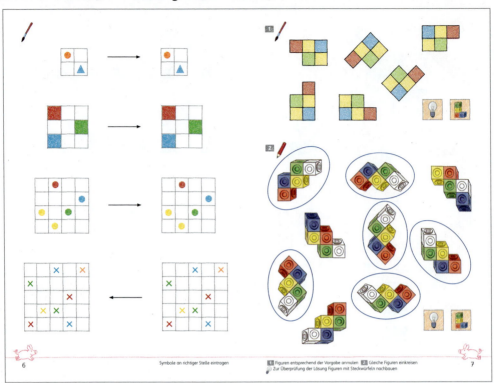
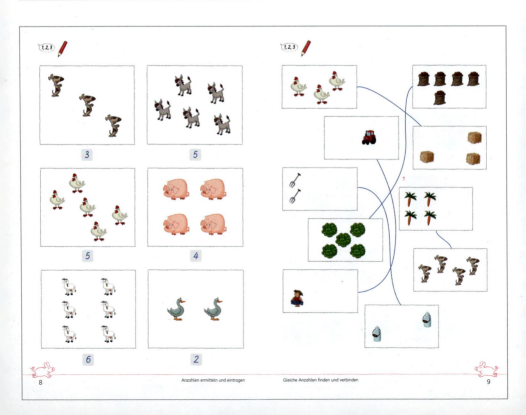

Das Förderheft 1 – Lösungen (Seite 10–13)

Anzahl der gelben Steckwürfel bestimmen und eintragen
Zur Überprüfung der Lösung Figuren mit Steckwürfeln nachbauen

Gleiche Figuren einkreisen, die anderen durchstreichen

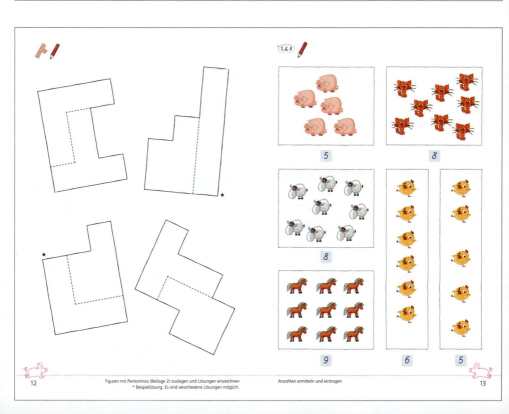

Figuren mit Pentominos (Beilage 2) auslegen und Lösungen einzeichnen
* Beispiellösung. Es sind verschiedene Lösungen möglich.

Anzahlen ermitteln und eintragen

Das Förderheft 1 – Lösungen (Seite 14–17)

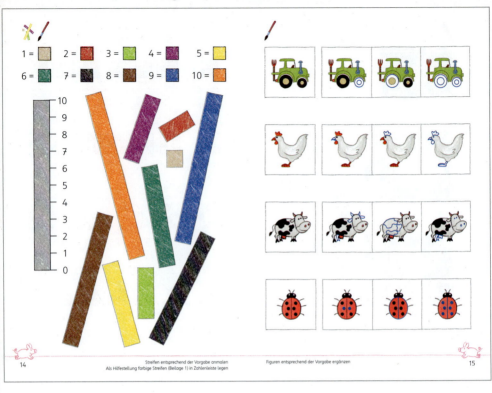

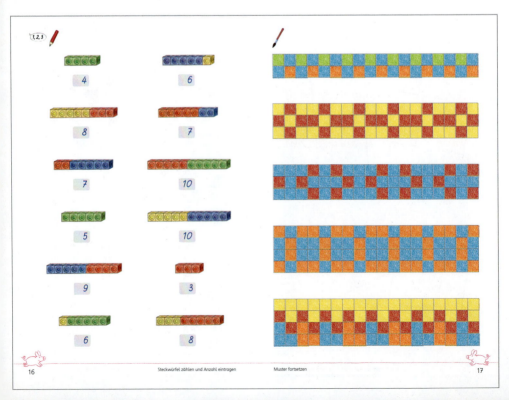

Das Förderheft 1 – Lösungen (Seite 18–21)

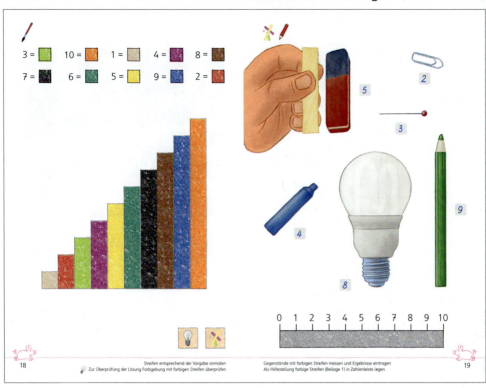

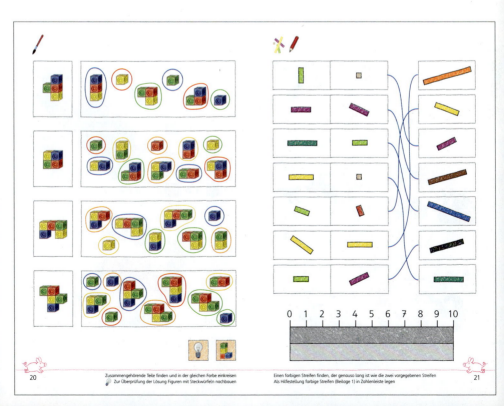

Das Förderheft 1 – Lösungen (Seite 22–25)

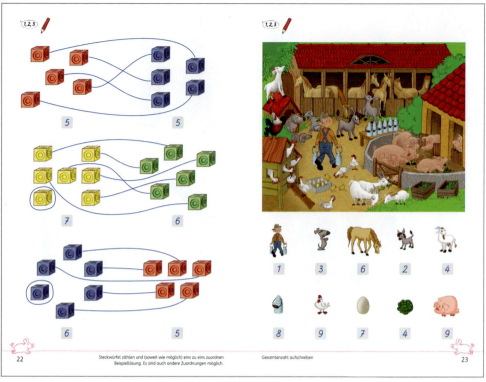

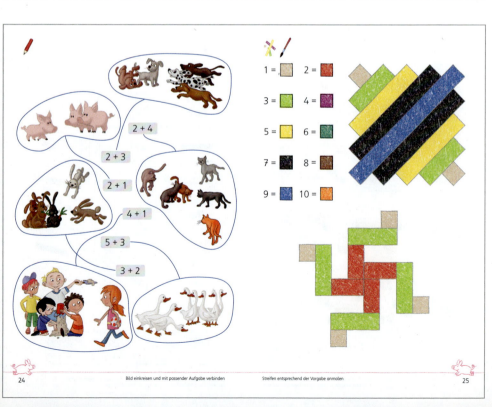

Das Förderheft 1 – Lösungen (Seite 26–29)

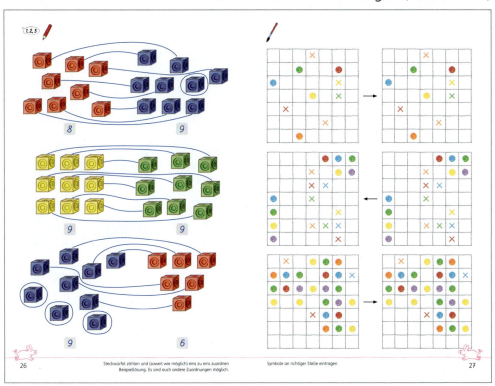

Steckwürfel zählen und (soweit wie möglich) eins zu eins zuordnen. Beispiellösung. Es sind auch andere Zuordnungen möglich.

Symbole an richtiger Stelle eintragen

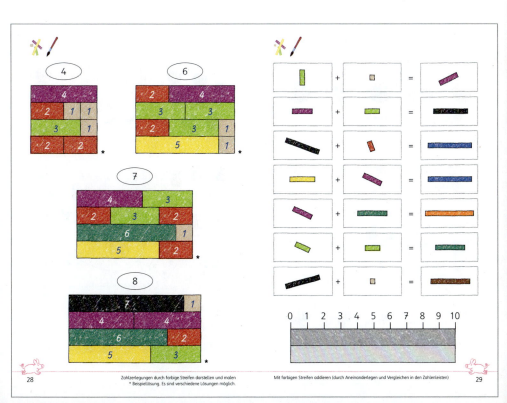

Zahlzerlegungen durch farbige Streifen darstellen und malen
* Beispiellösung. Es sind verschiedene Lösungen möglich.

Mit farbigen Streifen addieren (durch Aneinanderlegen und Vergleichen in den Zahlenleisten)

Das Förderheft 1 – Lösungen (Seite 30–33)

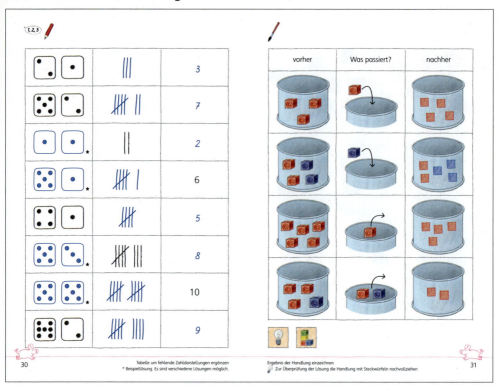

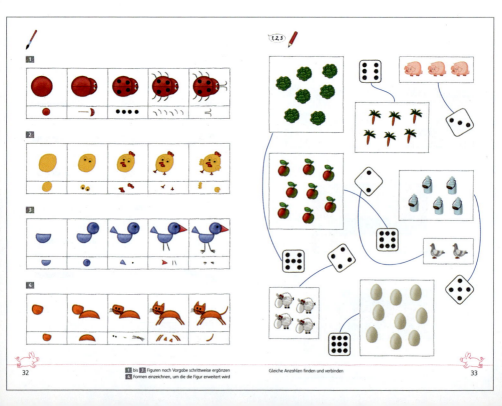

Das Förderheft 1 – Lösungen (Seite 34–37)

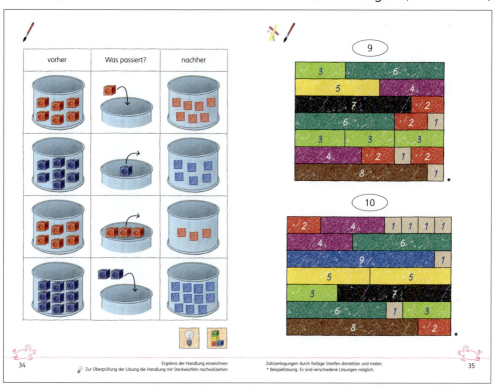

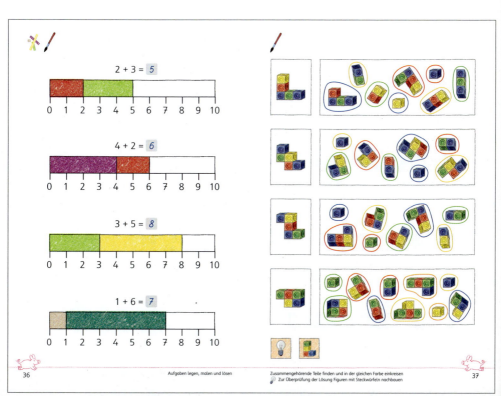

Das Förderheft 1 – Lösungen (Seite 38–41)

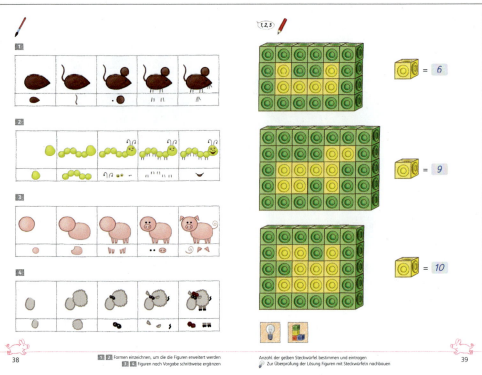

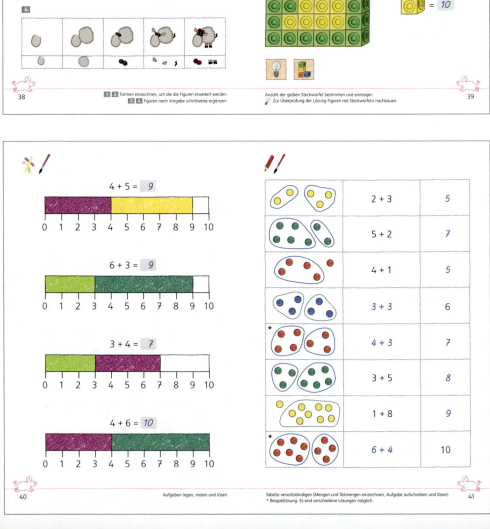

Das Förderheft 1 – Lösungen (Seite 42–45)

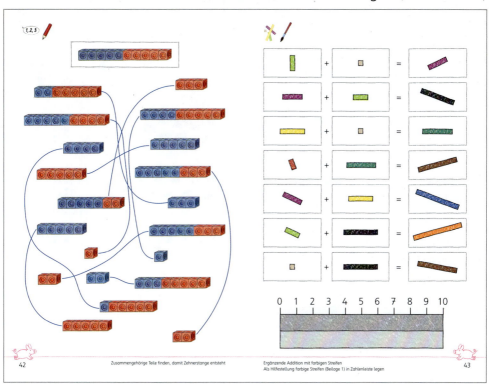

42 Zusammengehörige Teile finden, damit Zehnerstange entsteht
43 Ergänzende Addition mit farbigen Streifen
Als Hilfestellung farbige Streifen (Beilage 1) in Zahlenleiste legen

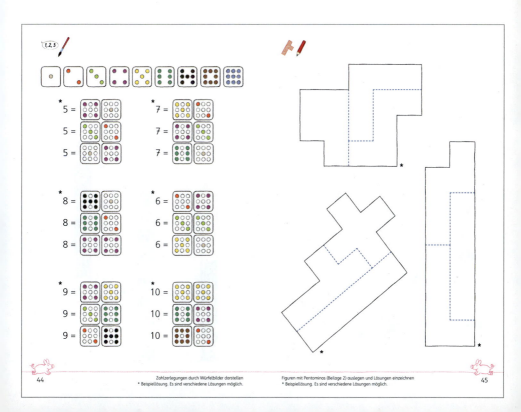

44 Zahlzerlegungen durch Würfelbilder darstellen
* Beispiellösung. Es sind verschiedene Lösungen möglich.
45 Figuren mit Pentominos (Beilage 2) auslegen und Lösungen einzeichnen
* Beispiellösung. Es sind verschiedene Lösungen möglich.

Das Förderheft 1 – Lösungen (Seite 46–49)

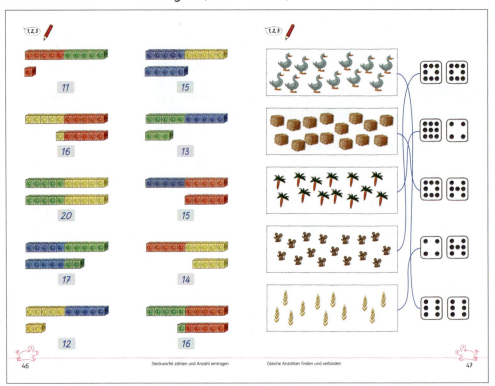

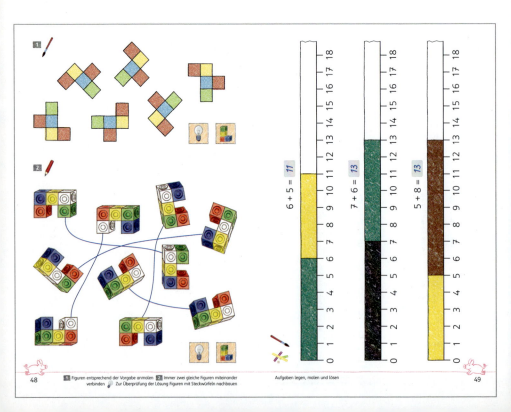

Das Förderheft 1 – Lösungen (Seite 50–53)

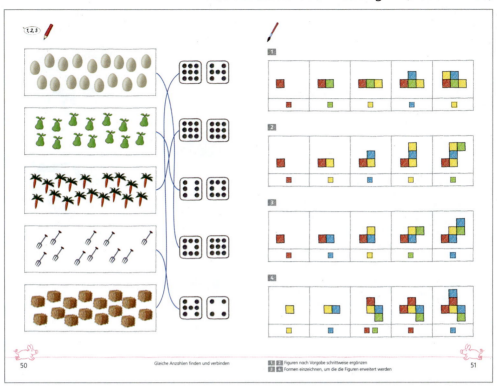

Gleiche Anzahlen finden und verbinden

1 2 Figuren nach Vorgabe schrittweise ergänzen
3 4 Formen einzeichnen, um die die Figuren erweitert werden

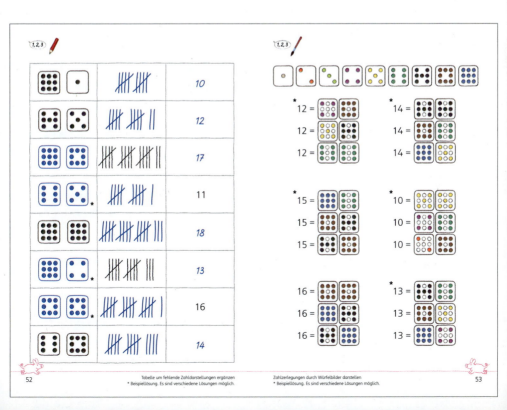

Tabelle um fehlende Zahldarstellungen ergänzen
* Beispiellösung. Es sind verschiedene Lösungen möglich.

Zahlzerlegungen durch Würfelbilder darstellen
* Beispiellösung. Es sind verschiedene Lösungen möglich.

Das Förderheft 1 – Lösungen (Seite 54–57)

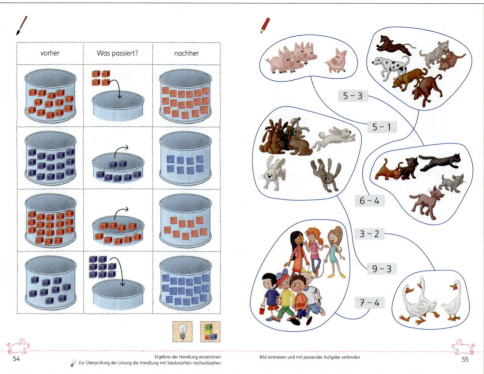

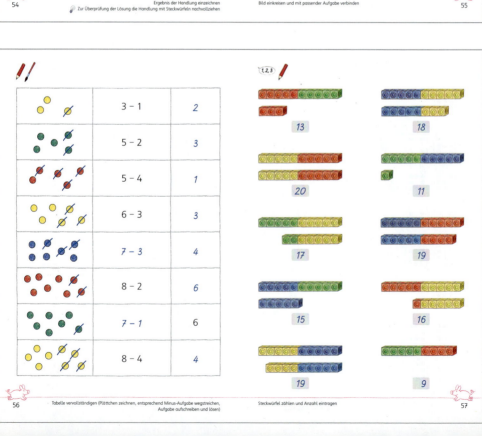

Das Förderheft 1 – Lösungen (Seite 58–61)

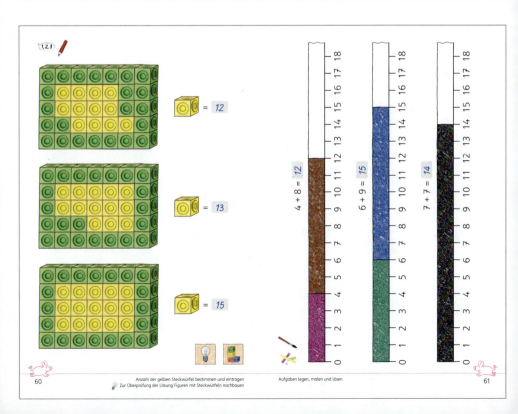

Das Förderheft 1 – Lösungen (Seite 62–64)

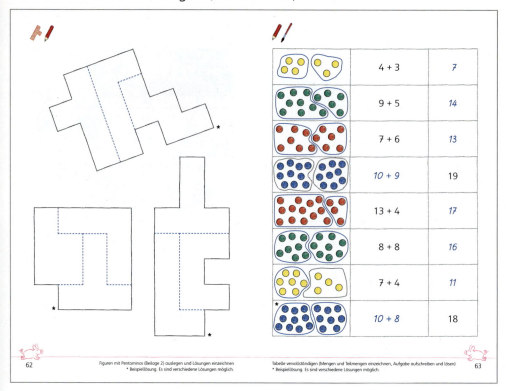

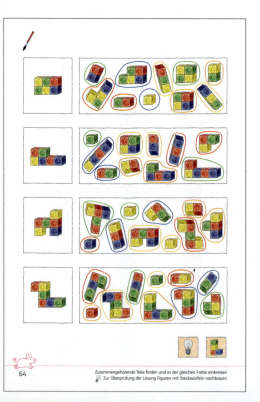

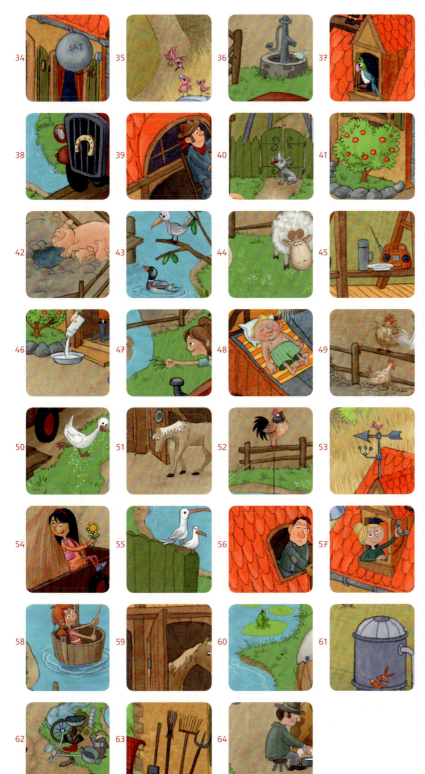

Tigerstark in Mathe!

Das Übungsheft 1 – Denk- und Rechentraining

Mit dem Übungsheft werden die Grundlagen für Mathematik optimal trainiert. Nur 5 Minuten jeden Tag machen fit in Mathe. Zu jedem Übungsheft kostenlos: das Mathetiger-Online-Training.

Das Übungsheft 1
84 S., vierf., 22 x 14,8 cm (größer als DIN A5), Gh, mit Lösungsheft (20 S., vierf.) und Stickerbogen
ISBN 978-3-619-15454-8

Details & Bestellung
www.mildenberger-verlag.de/
das-uebungsheft

Mathetiger – Die Lernsoftware für Mathe Klasse 1 und 2

Mit dem Mathetiger trainieren die Kinder mit Spaß! Das Programm passt den Schwierigkeitsgrad automatisch an und fördert so optimal.

Homeversion, Einzellizenz
Version 2.1
ISBN 978-3-619-15312-1

Details & Bestellung, Prospekt
www.mildenberger-verlag.de/mathetiger-software

Gut in Mathe

„Gut in Mathe" ist ein Übungs- und Arbeitsbuch für das Lernen zu Hause und enthält einen Querschnitt aller mathematischen Themen aus Klasse 1 und 2.

Gut in Mathe
Arbeitsbuch, 112 S., vierf., FeEbd, inkl. CD-ROM mit weiteren Übungsmöglichkeiten
ISBN 978-3-619-15463-0

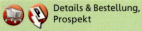

Details & Bestellung, Prospekt
www.mildenberger-verlag.de/gut-in-mathe

Mathematische Denkaufgaben

Die Kinder lernen ihre mathematischen Fähigkeiten in Strategien zur Problemlösung anzuwenden. Separates Lösungsheft.

Mathematische Denkaufgaben für Klasse 1
Arbeitsheft, 64 S., Gh
ISBN 978-3-619-15011-3
Lösungen, 64 S., Gh
ISBN 978-3-619-15111-0

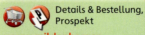

Details & Bestellung, Prospekt
www.mildenberger-verlag.de/denkaufgaben-1-3

Max Murmel – So macht Schule Spaß

Die ideale Vorbereitung auf die Schule: spielerisch u. a. logisches Denken und Sprachbewusstsein üben.

Mit Max Murmel durch das Vorschuljahr
80 S., inkl. 68 AB, 3 Ausschneideblätter,
ISBN 978-3-619-15328-2

Details & Bestellung, Gratis-Leseprobe
www.mildenberger-verlag.de/max-murmel

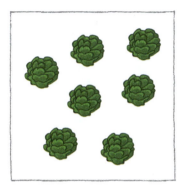

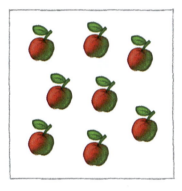

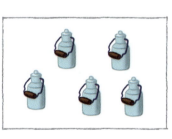

Gleiche Anzahlen finden und verbinden

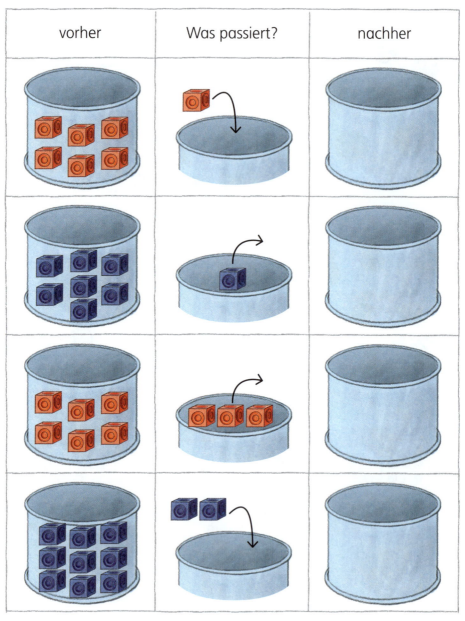

Ergebnis der Handlung einzeichnen
Zur Überprüfung der Lösung die Handlung mit Steckwürfeln nachvollziehen

Zahlzerlegungen durch farbige Streifen darstellen und malen

2 + 3 = 5

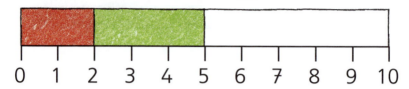

4 + 2 =

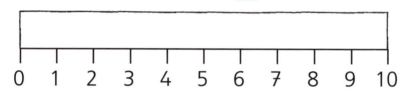

3 + 5 =

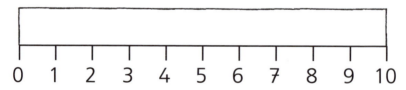

1 + 6 =

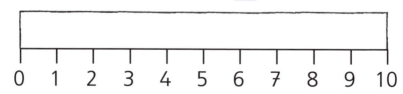

Aufgaben legen, malen und lösen

 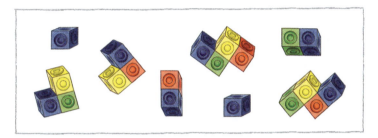

 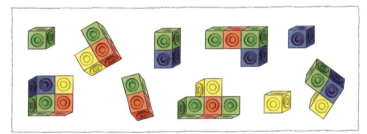

Zusammengehörende Teile finden und in der gleichen Farbe einkreisen
Zur Überprüfung der Lösung Figuren mit Steckwürfeln nachbauen

1

2

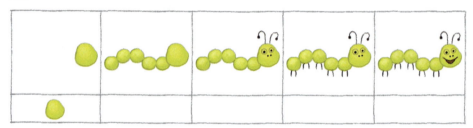

3

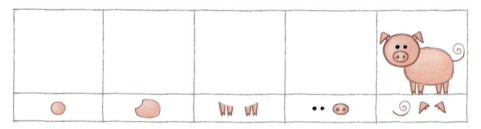

4

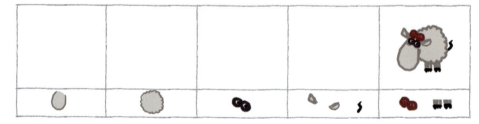

1 2 Formen einzeichnen, um die die Figuren erweitert werden
3 4 Figuren nach Vorgabe schrittweise ergänzen

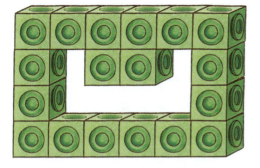
 =

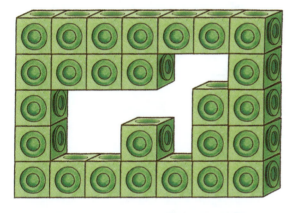
 =

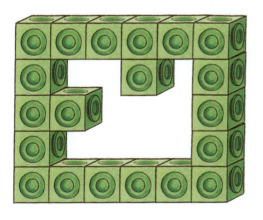
 =

Anzahl der gelben Steckwürfel bestimmen und eintragen
Zur Überprüfung der Lösung Figuren mit Steckwürfeln nachbauen

4 + 5 =

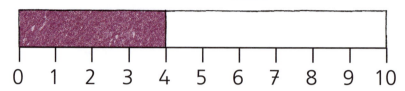

6 + 3 =

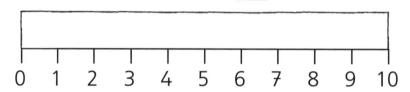

3 + 4 =

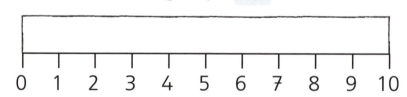

4 + 6 =

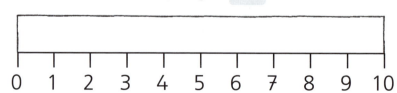

Aufgaben legen, malen und lösen

Mengen	Aufgabe	Ergebnis
🟡🟡 🟡🟡🟡	2 + 3	5
🟢🟢🟢🟢🟢🟢🟢	5 + 2	
🔴🔴🔴🔴🔴	4 + 1	
🔵🔵🔵 🔵🔵🔵		6
🔴🔴🔴🔴🔴🔴🔴		7
	3 + 5	
🟡	1 + 8	
		10

Tabelle vervollständigen (Mengen und Teilmengen einzeichnen, Aufgabe aufschreiben und lösen)

42   Zusammengehörige Teile finden, damit Zehnerstange entsteht

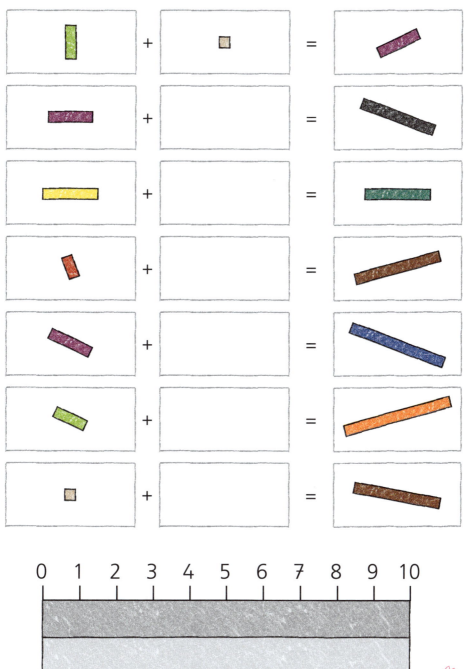

Ergänzende Addition mit farbigen Streifen
Als Hilfestellung farbige Streifen (Beilage 1) in Zahlenleiste legen

1, 2, 3

5 =
5 =
5 =

7 =
7 =
7 =

8 =
8 =
8 =

6 =
6 =
6 =

9 =
9 =
9 =

10 =
10 =
10 =

Zahlzerlegungen durch Würfelbilder darstellen

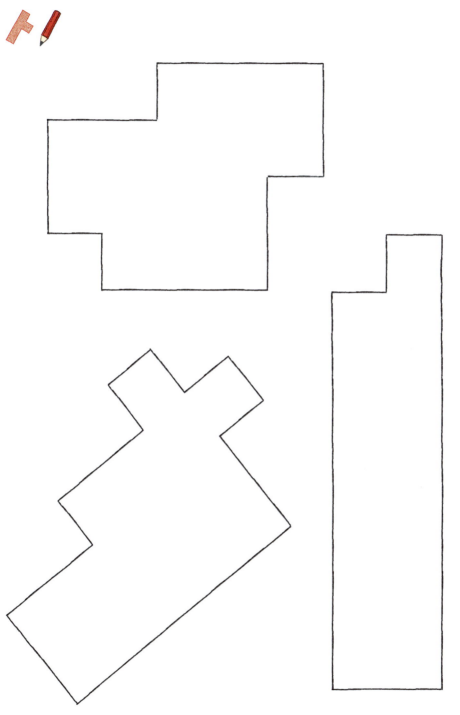

Figuren mit Pentominos (Beilage 2) auslegen und Lösungen einzeichnen

11

Steckwürfel zählen und Anzahl eintragen

1, 2, 3

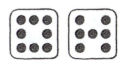

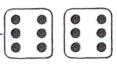

Gleiche Anzahlen finden und verbinden

1 Figuren entsprechend der Vorgabe anmalen 2 Immer zwei gleiche Figuren miteinander verbinden Zur Überprüfung der Lösung Figuren mit Steckwürfeln nachbauen

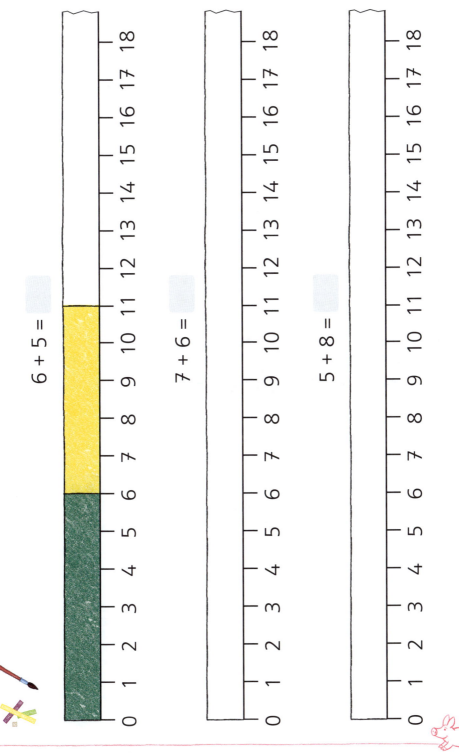

Aufgaben legen, malen und lösen

 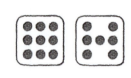

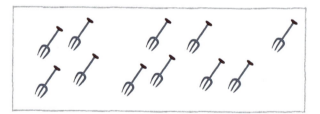 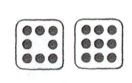

 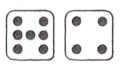

Gleiche Anzahlen finden und verbinden

1

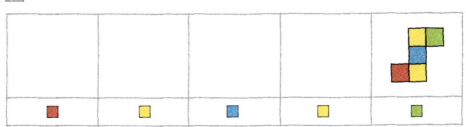

2

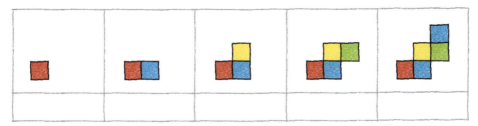

3

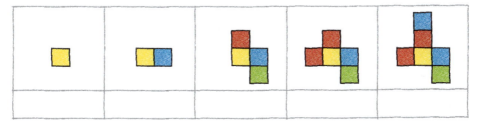

4

 Figuren nach Vorgabe schrittweise ergänzen
Formen einzeichnen, um die die Figuren erweitert werden

⚃⚀ (9+1)	ЖЖ	10
⚅⚃ (6+4)		
	ЖЖЖ II	
		11
⚉⚉ (9+9)		
	ЖЖ III	
		16
⚅⚅ (6+6)		

Tabelle um fehlende Zahldarstellungen ergänzen

1, 2, 3

12 =
12 =
12 =

14 =
14 =
14 =

15 =
15 =
15 =

10 =
10 =
10 =

16 =
16 =
16 =

13 =
13 =
13 =

Zahlzerlegungen durch Würfelbilder darstellen

vorher	Was passiert?	nachher

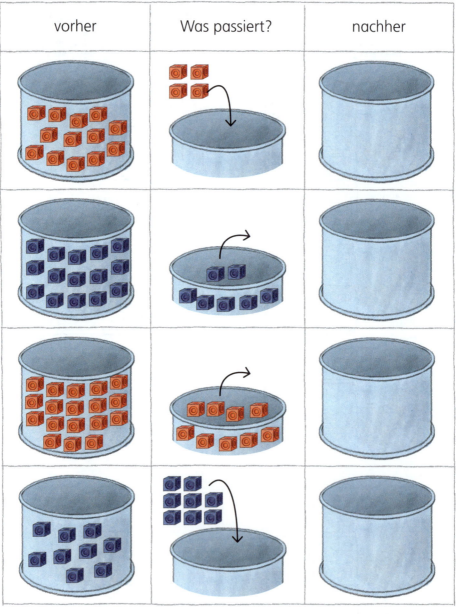

Ergebnis der Handlung einzeichnen
Zur Überprüfung der Lösung die Handlung mit Steckwürfeln nachvollziehen

🟡🟡 ⊘	3 – 1	2
🟢🟢🟢🟢🟢	5 – 2	
🔴🔴🔴🔴🔴	5 – 4	
	6 – 3	
🔵⊘ ⊘⊘ 🔵🔵		
	8 – 2	
🟢🟢🟢🟢🟢🟢		6
	8 – 4	

Tabelle vervollständigen (Plättchen zeichnen, entsprechend Minus-Aufgabe wegstreichen, Aufgabe aufschreiben und lösen)

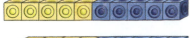

Steckwürfel zählen und Anzahl eintragen

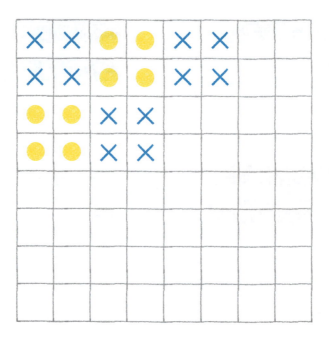

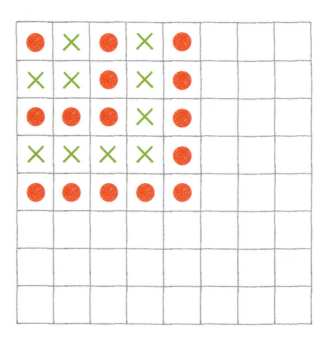

Muster fortsetzen

Gesamtanzahl aufschreiben

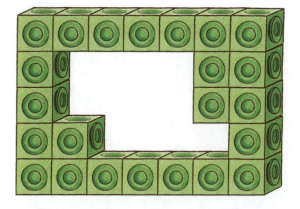
 =

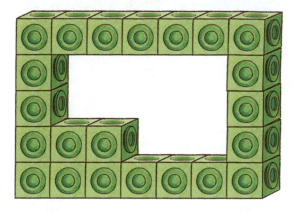
 =

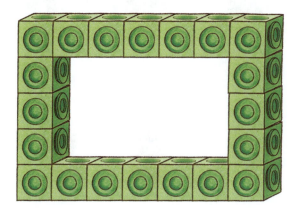
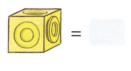 =

Anzahl der gelben Steckwürfel bestimmen und eintragen
Zur Überprüfung der Lösung Figuren mit Steckwürfeln nachbauen

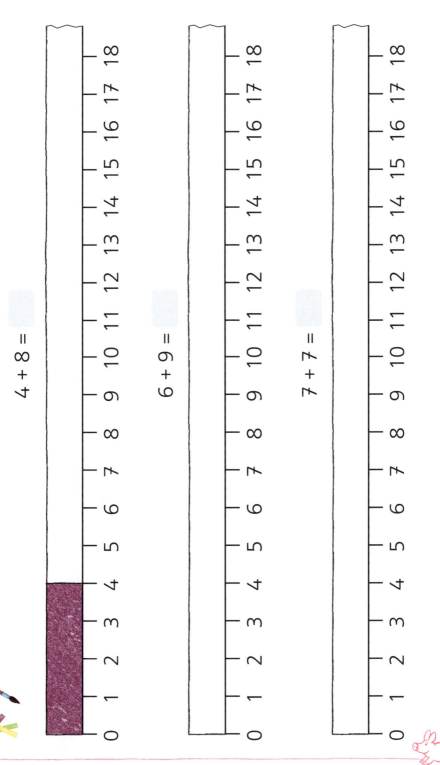

4 + 8 =

6 + 9 =

7 + 7 =

Aufgaben legen, malen und lösen

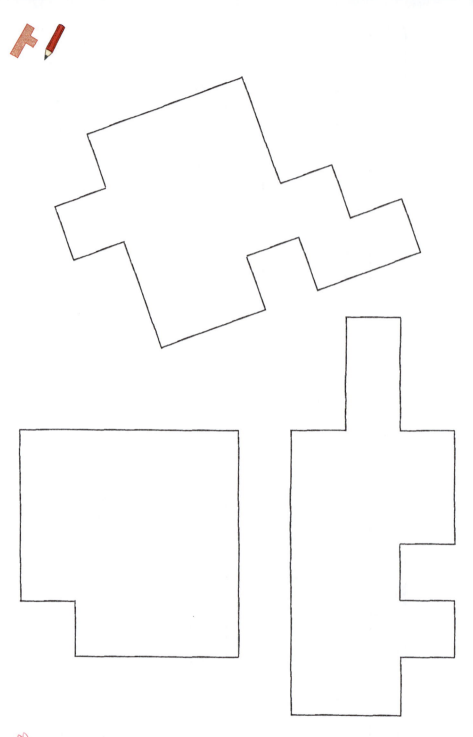

Figuren mit Pentominos (Beilage 2) auslegen und Lösungen einzeichnen

(4 dots) (3 dots)	4 + 3	7
(14 green dots)	9 + 5	
(13 red dots)	7 + 6	
(blue dots grouped)		19
(red dots)	13 + 4	
	8 + 8	
(7 yellow dots + empty shape)	7 + 4	
		18

Tabelle vervollständigen (Mengen und Teilmengen einzeichnen, Aufgabe aufschreiben und lösen)

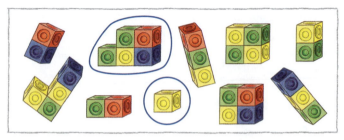

Zusammengehörende Teile finden und in der gleichen Farbe einkreisen
Zur Überprüfung der Lösung Figuren mit Steckwürfeln nachbauen